Wer bin ich und was will ich?

Pietro Archiati

WER BIN ICH UND WAS WILL ICH?

Auf dem Weg zu mehr Freiheit und Liebe

Rudolf Steiner Ausgaben

2. Auflage 2024

Herausgeberin: Rudolf Steiner Ausgaben
(Monika Grimm, Bad Liebenzell)
Korrektorat: Christine u. Manfred Becker, Meerbusch
Einbandgestaltung: Sabina Hemme, Schömberg

ISBN: 978-3-86772-773-0

Rudolf Steiner Ausgaben e. K.
Burghaldenweg 37 · D-75378 Bad Liebenzell
Telefon: (07052) 935284 · Telefax: (07052) 934809
anfrage@rudolfsteinerausgaben.com
www.rudolfsteinerausgaben.com

Inhalt

Wer bin ich und was will ich?

Auf dem Weg zu mehr Freiheit und Liebe

Ein Vortrag in Berlin am 14. März 2008

Wer bin ich und was will ich?

Auf dem Weg zu mehr Freiheit und Liebe

Sehr verehrte Anwesende, liebe Freunde!

Die Frage, das Thema, das uns diesmal beschäftigt, ist ein ganz wichtiges, weshalb Sie trotz des Streiks so zahlreich erschienen sind.

Wir leben in einer Zeit, in der das Äußerliche, das Leben immer komplizierter wird, das Wirtschaftsleben, die Technik, die Hektik der Arbeitswelt. In einer Zeit, in der das arme Individuum, der einzelne Mensch sich immer kleiner vorkommen kann. Er fragt sich: Wer bin ich armer Schlucker inmitten dieses Riesenmechanismus der Globalisierung, der Weltwirtschaft? Und die Mächtigen entscheiden, wo es lang geht. Und man braucht nur das Radio oder den Fernseher anzuschalten: Es geht niemals um mich! Es geht um den Präsidenten der USA oder um Angela Merkel meinetwegen. Aber es geht niemals um mich!

Und jetzt komme ich nach Berlin und will eine Tagung halten über: «Wer bin ich?» Ein armes Würmchen doch in diesem Riesenweltgewebe. Und vielleicht kann der erste Gedanke, den ich Ihnen entgegenbringe, der sein, dass – gerade weil wir in einer Zeit leben, wo das Individuum, das

Menschen-Ich, jeder einzelne Mensch, ganz gleich, wie wichtig oder unwichtig er auf der Bühne dieser Welt ist, rein als Mensch –, der erste Gedanke wäre, dass nichts in der ganzen Welt, in der ganzen Geschichte, im ganzen Kosmos wichtiger ist als jeder Mensch als Mensch, schlicht als Mensch. Das heißt, es hat nichts auf der ganzen Welt mehr Gewicht als ich als Mensch, weil ich Mensch bin, schlicht und einfach.

Und jeder Mensch kann das von sich sagen, 100-prozentig, nicht 95-prozentig oder 70-prozentig. Dass die, die ein größeres Portemonnaie haben, sagen könnten: Ich bin mehr Mensch als du, nein, Menschsein ist unteilbar, unverhandelbar! Jeder Mensch, auch der scheinbar unbedeutendste, ist 100-prozentig Mensch, gleich wie der Mensch, der scheinbar so wichtig ist auf der Bühne dieser Welt. Kein Mensch ist wichtiger oder weniger wichtig als ein anderer, weil jeder Mensch 100-prozentig und unversehrt die Menschennatur in sich trägt.

Nur leben wir in einer Zeit, in der dieses Menschliche, was jeder Mensch in seiner Würde gleich jedem anderen in sich trägt, gefährdet ist. Es droht aus dem Auge verloren zu gehen vor lauter Verschleierung, vor lauter Argumentierung aus Sachzwängen heraus. Und warum ist das Individuum gerade heute im Zeitalter der Freiheit, im Zeitalter der zunehmenden Ansprüche des Individuums an das Leben gefährdet? Weil dadurch, dass das Individuum, der Mensch als Ich wesentlich mehr Gegenkräfte bekommt, mehr Gefährdung bekommt, gerade dadurch hat das Individuum erst recht die Chance, immer stärker, immer kräftiger zu werden.

Das heißt, dem heutigen Ich, dem heutigen Menschen wird mehr zugemutet, weil er mehr kann. Nur, das, was er kann, muss ja nicht geschehen. Er kann das, muss es aber nicht tun, weil das tiefste Mysterium des Menschen seine Freiheit ist. Aber ich sage es nochmals: Wenn es stimmt, dass die Gegenkräfte gegen das Individuum – und ich meine, das stimmt – niemals so gewaltig gewesen sind wie heute, dann bedeutet das, dass das Individuum niemals die Möglichkeit gehabt hat, fertig zu werden mit so vielen Gegenkräften. Und wir wollen das wirklich als ein großes Kompliment für den Menschen nehmen, denn es ist wirklich so.

Nur klappt das Ganze nur, insoweit das Individuum sich sagt: Gut, dann liegt es an mir, diesen Gegenkräften, diesem ganzen Mechanismus, dem unpersönlichen Mechanismus der Sachzwänge, der mich zu ersäufen, mich zu ersticken droht, zu trotzen, es liegt an mir, das Rückgrat meiner inneren Kraft aufzurichten und dieser ganzen irdischen Macht zu trotzen. Und zu sagen: Ich bin unendlich mehr wert als die ganze Welt der Materie, weil ich ein Geist bin; ich bin unendlich mehr wert als die ganze materielle Welt, weil ich eine Seele bin: ein ewiger Geist und eine ewige Seele.

Wer bin ich als Mensch? Ich bin ein Geist, der sich verkörpert. Verkörperung ist dieses Eintauchen in die Welt der Materie mit der Gebärde, sich alle Widerstände der Welt der Materie zuzutrauen, sodass man im Kräftemessen mit der ganzen Welt der Materie immer stärker wird, immer menschlicher, immer geläuterter in den Kräften der Freiheit und der Liebe.

Die Freiheit ist das In-Angriff-Nehmen des eigenen Schöpfertums. Und das steht jedem zu. Und die Liebe ist das «Ermöglichen», dem anderen die Werkzeuge, die Bedingungen, die Mittel zur Verfügung zu stellen, sodass er auch immer freier werden kann. Freiheit ist die Liebe zu sich selbst. Und Liebe ist die Liebe zur Freiheit des anderen. Schöneres, Tieferes, Gewaltigeres, Menschlicheres, Beseligenderes kann es gar nicht geben. Denn in der Freiheit und in der Liebe ist alles enthalten.

Und meine erste Antwort auf die Frage: Wer bin ich? wäre: Ich bin ein Geist, der die ganze Entwicklung von Menschheit und Erde über Jahrtausende hinweg in Anspruch nimmt, mitmacht, um immer ichhafter, immer freier, immer liebender zu werden.

Bedeutet das – lassen Sie mich das am Anfang gleich andeuten, denn es geht ja um ganz grundsätzliche Fragen –, bedeutet das, dass jeder Mensch, wenn wir großzügig sein wollen, wiederholte Male die Möglichkeit hat, in diese irdische Welt einzutauchen, ein Leben auf der Erde in Anspruch zu nehmen?, dann frage ich Sie: Was ist schöner für den Menschen, was ist anspruchsvoller als ein Leben auf der Erde? Warum wollen wir unterstellen, dass der Erschaffer des Menschen so geizig gewesen sein soll, dass er jedem Menschengeist nur einmal die Chance geben soll, dieses Wunderbarste, was es gibt, eine Biografie, eine individualisierte Biografie in Angriff zu nehmen?

Der westliche Materialismus hat unsere Gehirne so verdunkelt, dass wir diesen Unsinn, diesen kulturellen Unsinn zutage gebracht haben, dass wir davon ausgehen, dass jeder Menschengeist nur einmal die einzigen Verhältnisse in Anspruch nimmt, in denen er sich entwickeln kann. Was hat er davor gemacht? Nur gefaulenzt? Was macht er danach? Diese Seele soll unsterblich sein, im Wolkenkuckucksheim, doch was macht diese Seele die ganze Zeit in der Unsterblichkeit des Paradieses?

Ich erlaube mir zu sagen, das sind die primitivsten Vorstellungen! In der materiellen Welt im Westen sind wir so wissenschaftlich, so gediegen, das ist so wunderbar! In geistigen Dingen sind wir Analphabeten! Aber wirklich! Was erlauben wir uns? Denn schon als Kind habe ich mir diese Darstellungen des Paradieses angeschaut mit diesen Engelchen, die so gesittet Violine oder Mandoline oder was auch immer spielen. Ich habe mir gedacht: Mensch, eineinhalb Stunden oder zwei Stunden kann das Konzert interessant sein, aber eine ganze Ewigkeit? Langweilig! Und dann gab es Darstellungen der Hölle. Das fand ich viel, viel interessanter. Da war was los!

Und übrigens, wenn wir auf die Frage: Wer bin ich? die Antwort geben: Vor meiner Geburt, vor meiner Empfängnis gab es mich gar nicht, dann bin ich doch eine Eintagsfliege. Damit ist gesagt: Sogar die Religion ist in diesen Abgrund des Materialismus eingetaucht. Und sie sagt uns – ganz gleich ob katholisch oder protestantisch, in dieser Aussage gehen beide zusammen –, dass der liebe Gott überhaupt nur dann eine menschliche Seele dazuschaffen kann, wo ein körperliches, ein biologisches Substrat anfängt zu existieren. Das heißt, dieses Seelchen kann gar nicht existieren, ohne dass der Körper mit dabei ist. Das würde bedeuten, dass den Neurobiologen recht gegeben wird, dass inzwischen der Geist, die Seele, das Ich des Menschen so vom Körper abhängig ist, dass es ohne ihn gar nicht existieren kann. Und das ist die heutige Lage.

Das bedeutet nicht, dass das immer so war, dass das immer so sein muss. Aber heute ist es weitgehend so, dass der Mensch in seinem Geist, in seinem Bewusstsein, in den Abläufen dessen, was in seiner Psyche passiert, so abhängig geworden ist von den Genen, von den Synapsen des Gehirns oder was auch immer, vom biologischen Substrat, dass selbst die Religion diese Aussage hinstellt, die ich als Abgrund des Materialismus bezeichne, dass der Mensch als Seele gar nicht existieren kann, bevor das materielle Zeug mindestens anfängt zu existieren.

Dann ist es eine riesige Mogelei zu sagen, das Zeug ist weg, der Körper ist weg mit dem Tod, aber die Seele soll weiterhin ohne Körper leben. Ja, warum hat sie nicht vor der Geburt ohne Körper leben können? Wenn es in ihrer Natur liegt, auch ohne Körper ein Wesenhaftes, ein Substanzielles, ein Eigenständiges zu sein, dann bitte schön auch bevor der Körper anfängt zu sein! Wenn sie nicht existieren kann, bevor der Körper anfängt, dann wäre es konsequenter zu sagen, wenn das biologische Substrat mit dem Tod versagt, dann ist es aus mit diesem Flämmchen, das wir Seele nennen. Das würde ich «konsequent» nennen.

Und die Frage: Wer bin ich? müsste in aller Ehrlichkeit beantwortet werden: Ich bin eine Eintagsfliege. Nur ist dieser Tag für manche ein bisschen länger, ein paar Jahrzehnte, aber es gibt auch Menschen, die ganz, ganz jung sterben. Auf jeden Fall nur ein Leben, ein Tag, ein großer Tag. Ich habe immer gemeint, so zu denken – wenn man vernünftig ist –, wenn man so denkt und nicht voller Depressionen wird, dann ist man völlig verrückt. Wenn man so denkt, dann müsste man konsequenterweise depressiv werden. Denn die Konsequenz ist, sich zu sagen: Ich bin ein Spielball der Naturkräfte. Ich bin ein Resultat, eine Wirkung dessen, was ich an biologischem Substrat geerbt habe. Und wenn ich nicht völlig depressiv werde, bin ich ein Idiot.

Und wir fragen uns, verzeihen Sie, woher die Depressionen kommen. Aber das ist doch selbstverständlich, dass der

Mensch unmöglich fröhlich, heiter oder glücklich sein kann mit dem Gedanken: Ich bin vom Körper abhängig, bevor der Körper angefangen hat zu existieren, gab es mich gar nicht. Und nachdem der Körper weg ist, sagt die Religion: Ich bin ewig unsterblich in meiner Seele. Aber es wird nichts gesagt über diese Unsterblichkeit der Seele. Denn das Einzige, was ich erlebe, ist anhand des Körpers. Und die Naturwissenschaftler sagen konsequenter – ich meine nicht alle, aber viele –, mit dem Ende des biologischen Substrats gibt es dich als individualisiertes Bewusstsein, als individualisiertes Ich nicht mehr.

Diejenigen von Ihnen, das sage ich in Klammern, diejenigen, die mich kennen, wissen, dass ich in aller Offenheit meine Gedanken sage. Ich rede ja so, wie mir der Schnabel gewachsen ist. Und diesmal ist er mir im Süden gewachsen. Vielleicht habe ich das nächste Mal mehr Glück und ich werde weiter im Norden geboren und ich werde ein bisschen gesitteter reden können.

Aber das ist auch deshalb so, weil dann – und die, die mich kennen, wissen das – der zweite Teil des Vortrags kommt und da ist volle Freiheit und ich freue mich über jeden Gedanken und jeder hat die Freiheit, ganz anders zu denken, zu widersprechen, zu ergänzen, und so weiter. Ich habe oft gesagt, für mich ist der zweite Teil viel interessanter, spannender, weil ich im ersten Teil, wenn alles gut geht, einigermaßen weiß, was ich zu sagen habe. Aber im zweiten

Teil habe ich niemals eine Ahnung, was dann von den Anwesenden kommt.

Also wir wollen in diesen ganz wichtigen Dingen ein offenes Gespräch in Gang setzen und ich sage manche Dinge auch mit einer gewissen Deutlichkeit. Denn heutzutage scheint mir der Geist so abgestumpft zu sein, dass, wenn man nicht mit einer gewissen Deutlichkeit manche Dinge sagt, sie nicht einmal gehört werden. Und das macht dann natürlich die Lage der Menschheit so schwierig.

Meine erste Aussage über den Menschen wäre: Wer bin ich? Ich bin ein ewiges, geistiges Wesen, ein ewiger Geist. Es liegt in meiner Natur, auch wenn ich jetzt im Zeitalter des Materialismus wenig Bewusstsein davon habe, auch wenn die Wucht der Physis in dieser Zeit meinen Geist verdunkelt hat, es bleibt dabei. Nehmen Sie das als Aussage von mir, denn ich kann ja nicht alles begründen. Und als ewiger Geist habe ich schon Jahrtausende der Entwicklung hinter mir. Und ich habe schon den Gedanken hingestellt – vielleicht für viele von Ihnen als Hypothese, als Annahme, als Arbeitshypothese, um daran zu arbeiten –, also der Gedanke ist, dass jeder Mensch wirklich zum wiederholten Male dieses Wunderbare eines Lebens auf der Erde in Angriff nimmt, dass jeder Mensch Anteil hat an der ganzen Entwicklung von Erde und Mensch, von Anfang bis Ende.

Dass jeder Mensch die Möglichkeit gehabt hat, zu der Zeit zu leben, wo die heiligen Rishis in der indischen Kultur führend waren. Wir waren alle auf der Erde irgendwann, früher oder später, als die zarathustrische Kultur, die persische Kultur die führende Rolle gehabt hat. Wir waren wiederum auf der Erde, alle Menschen, zu der Zeit als die Ägypter, die Chaldäer 2160 Jahre lang – die Zeit, die die Sonne in einem Tierkreiszeichen verweilt – die führende Rolle hatten. Wir waren alle auf der Erde wiederum in der Zeit, das liegt sagen wir zwei, drei Jahrtausende hinter uns, in der die Griechen und die Römer die führende Rolle hatten.

Und jeder Mensch kommt auf die Erde auch in dieser modernen Zeit. Es wäre unmenschlich, wenn ein Mensch nur *eine* kulturelle Prägung zur Verfügung hätte – die Verhältnisse, die Inkarnationsverhältnisse auf der Erde werden immer anders –, es wäre unmenschlich, auch nur einem einzigen Menschen nicht die Möglichkeit zu geben, die neuen, jeweils neuen Kulturverhältnisse, Inkarnationsbedingungen in Angriff zu nehmen, um weiterzukommen.

Der Mensch kann gerade in der heutigen Zeit der Globalisierung, der Weltwirtschaft, der Technik, der Computerzeit, und so weiter, Entwicklungsschritte machen, gerade auch durch die Gegenkräfte dem Menschengeist gegenüber, durch die der Menschengeist droht, sich immer mehr durch die ganzen Geräte, die wir haben, zu mechanisieren. Es wäre lieblos, unlogisch, wenn auch nur ein Menschengeist nicht die Möglichkeit hätte, in dieser Zeit, wo die Inkarnationsverhältnisse neue sind, ganz andere sind, das in Angriff zu nehmen, um Riesenschritte nach vorne in der Entwicklung seines Geistes und seiner Seele zu machen. Und so geht es weiter, denn wir sind mitten drinnen in der Entwicklung.

Überlegen wir uns, welcher Mensch von sich behaupten kann, er wäre fertig in seiner Entwicklung bei seinem Tod, bei seinem jetzigen Tod. Jeder Mensch, der ehrlich ist, jeder Mensch, der sich kennt, muss sich sagen: Ich bin doch noch ganz am Anfang! Es schlummert noch so viel in mir, es sind noch so viele Veranlagungen, noch so viele Potenzialitäten – nennen Sie das, wie Sie es wollen –, dass ich noch das werden möchte und noch das werden möchte und noch das probieren möchte. Ich möchte noch *die* Menschensprache als Muttersprache haben, eine andere Sprache auch als Muttersprache, denn jedes Mal kann ich nur eine Sprache als Muttersprache haben. Es gibt keine zwei Muttersprachen. Denn kein Mensch hat zwei Mütter, das hat es bis jetzt noch nicht gegeben.

Und der Gedanke ist, der Sinn der Entwicklung ist, dass jedem Menschengeist die Möglichkeit gegeben wird, alles auf eigene Weise zu tun – ich sage nicht, dass wir das alle gleich machen, denn jeder macht das auf seine Weise –, aber jeder Mensch kann die Vollständigkeit der Menschennatur sich nur dadurch zu eigen machen, dass jeder Mensch auf eigene individuelle Weise die Erfahrung von allem macht, was menschlich erfahrbar ist. Miteingeschlossen ist die Erfahrung, auf irgendeine Weise – ich sage nicht, dass das physisch sein muss –, aber jeder Mensch muss auch die Erfahrung machen, was es heißt, sich zu zerstören. Es muss nicht physischer äußerlicher Selbstmord sein. Aber auf irgendeine Weise gehört es dazu, dass der Mensch die Erfahrung macht, was es heißt, etwas zu tun, was mich, was mein Ich in seiner Entwicklung zurückwirft.

Denn wenn ich niemals die Erfahrung von etwas mache, was mich zerstört, dann wird das Aufbauende zur Pflicht. Dann müssen Autoritäten, Moralprediger daherkommen, die mir sagen: Das, was dich aufbaut, musst du tun, das sollst du tun. Und das, was dich zerstört, darfst du nicht tun. Und was ist besser, das Gute zu tun aus der Beugung, aus dem Sollen heraus, aus der Unterwerfung unter die Pflicht oder das Aufbauende zu tun, weil man eine Ahnung davon hat, dass es Dinge gibt, die mich zerstören?

Und dadurch, dass ich sie erfahren habe – und je schneller, je besser, wohlgemerkt, ich sage nicht, man soll so lange wie möglich im Zerstörenden drinnen bleiben, man kann so schnell wie möglich daraus lernen –, insoweit ich aus eigenen Erfahrungen weiß, was das Ich zerstört, werde ich das Zerstörende nicht mehr wollen. Ich brauche keine Pflicht! Ich brauche kein Sollen! Aus der Freiheit heraus werde ich gezielt auf dasjenige zugehen, was den Menschen aufbaut in mir selbst und im anderen. Aber dazu gehört, dass jeder

Mensch auch den Mut hat, Dinge zu probieren, bei denen es sich herausstellt, nein, das geht nicht, das baut mich nicht auf, das ist zerstörerisch.

Ich habe immer auf dieses Urbild hingewiesen: Es hat geheißen, das war der beste Mensch, das Urbild des Menschen, das Urphänomen des Menschen vor 2000 Jahren, der Sonnengeist. Wir sind jetzt dabei im Archiati Verlag (heute *Rudolf Steiner Ausgaben*) das Wort Christus mehr und mehr durch Sonnengeist zu ersetzen, weil das Wort Christus für viele so unverdaulich geworden ist. Und es geht nur um das Wort! Darum sage ich, der Sonnengeist vor 2000 Jahren, dieser große Menschengeist, der die ganze Perspektive der Entwicklung des Menschen hingestellt hat, hat auch dieses Urphänomen erleben müssen, dass der Judas droht, nicht nur droht, sich das Leben zu nehmen, sondern es auch tut. Und dieser Sonnengeist, dieser Beste aller Menschen, den wir gehabt haben, hat ihm nicht gesagt: Judas, das sollst du nicht tun, das darfst du nicht tun, es gibt ein Verbot, das zu tun. Nein!

Im Johannes-Evangelium steht ein befreiender Satz: Judas, was du auch tust, ποίησον τάχιον (poiēson tachion) heißt es im Griechischen, verweile nicht zu lange in der Erfahrung, lerne schnell, was daraus zu lernen ist.[1] Dann wirst du es nicht wiederholen müssen und nochmals und

---

1 Johannes 13,27: «Und als der den Bissen nahm, fuhr der Satan in ihn. Da sprach Jesus zu ihm: Was du tust, das tue bald!»

nochmals, weil du die Lektion nicht lernst. Aber wenn du daraus lernst, was zu lernen ist, dann ist es gut, dann ist die Welt in Ordnung. Und da stellt sich natürlich die Frage – manche von Ihnen werden diese Gedanken als Provokation nehmen, ist auch in Ordnung, ist doch schön, denn jeder macht daraus, was er will –, aber schauen Sie, wie kann der Sonnengeist, dieses Urbild des Menschen, so freilassend sogar den Judas in diesen Abgrund der Selbstzerstörung entlassen, wenn er die Überzeugung hat, Judas, das wird für dich dann die ewige Hölle geben? Unsinn ist das!

Der Gedanke kann nur sein: Judas, lerne daraus, was zu lernen ist und du kommst wieder und du wirst dann das, was dich zerstört, aus eigener Erfahrung nicht mehr wollen. Und du wirst besser wissen, was dich zerstört! Und wenn du das Zerstörerische, das Menschen-Zerstörerische aus eigener Erfahrung nicht mehr willst, weil du das kennst, dann bist du tausendmal mehr wert als ein Mensch, der keine Ahnung davon hat und dem man als Gebot, als Verbot ein Sollen, eine Pflicht auferlegen muss, dass er das nicht darf. Denn das wird ewig ein unfreier Mensch sein. Und das ist nicht besser.

Wer bin ich? Das, was ich bin, heute, mein Gewordensein ist das Resultat dessen, was ich in meiner Freiheit über Jahrtausende gemacht habe. Ich bin das, was ich selbst aus mir über Jahrtausende gemacht habe. Ich bin das Gesamtresultat meiner vergangenen Freiheit. All das, was ich an positiven Kräften jedes Mal in mir auferbaut habe, wenn ich ein Leben auf der Erde in Angriff genommen habe, das bin ich – das, was ich geworden bin.

Gehören zu mir auch Versäumnisse? Gibt es auch Dinge, schöne Dinge, gute Dinge, die ich hätte vollbringen können, wo ich träge war, die ich versäumt habe? Was ist das Gesetz der Liebe? Was macht die Mutter, wenn ein Kind versäumt? Die Liebe gibt die Chance zum Nachholen. Und jedes Leben ist eine unendliche Chance für jeden Menschen, so viel wie möglich nachzuholen von dem, was er vielleicht vor fünfhundert Jahren oder tausend Jahren hätte machen können und nicht gemacht hat.

Und ich frage Sie, verehrte Anwesende, wer von uns versäumt nicht Unendliches? Ein Mensch, der meint, alles zu tun, was er tun kann, muss ganz verrückt sein. Er kennt sich gar nicht. Wir haben keine Ahnung, was der Mensch tun könnte, wenn er jeden Moment, jeden Augenblick in seinem Denken, in seinem Herzen, in seinen Willenskräften, in seinen Taten alles täte, alles in Angriff nehmen würde, alle Gedanken denken würde, positive Gedanken, die zu denken sind, die ihm möglich sind zu denken.

Mensch sein heißt, in einer unendlichen Welt der Nachholbarkeit zu leben. Aber nachholen heißt auch zu akzeptieren, dass kein Mensch alles auf einmal machen kann. Ein gewaltiger kultureller Widerspruch der westlichen Kultur ist, dass wir eine Leistungsgesellschaft haben, Individuen, die immer mehr leisten möchten, immer mehr alles werden möchten und den Gedanken haben: Ich lebe nur einmal!

Das heißt, im Grunde genommen psychologisch – und das muss man psychologisch erklären – entsteht der Anspruch, in einem Leben alles zu erleben, alles zu sein, alles zu probieren, was ja völlig unsinnig ist. Denn kein Mann kann zum Beispiel erleben, was es heißt, eine Frau zu sein, habe ich mir sagen lassen. Natürlich gibt es Menschen, die das probieren. Natürlich, aber wir müssen auch ehrlich sein mit dem Resultat. Oder kein Deutscher kann gleichzeitig wissen, was es heißt, in Italien geboren zu sein oder in Italien aufgewachsen zu sein.

Jedes Leben hat eine ganz besondere Prägung. Und die Frage ist: Warum habe ich dieses Mal gerade diese Prägung in Angriff genommen, um weiterzukommen? Und es lebt sich viel besser, wenn ich mir sage: Ich bin ein Mensch, ich bin ein Ich, das nochmals und nochmals und nochmals eine Chance bekommen wird, weil das in der Großzügigkeit der göttlichen Liebe liegt, andere Dinge, ein anderes Geschlecht, ein anderes Temperament, ein anderes Volk, eine andere Muttersprache, eine andere Kultur, eine andere Religion in Angriff zu nehmen, da hineingeboren zu werden.

Mensch sein heißt, wer bin ich? heißt: Ich habe bis jetzt alles Mögliche durchlebt. Aber was ich durchlebt habe, ist nur ein kleiner Teil von dem, was ein Mensch durchleben kann. Es gibt noch jede Menge, was ich noch nicht erlebt habe. Es dauert noch eine Weile. Und wenn wir akzeptieren, innerlich, wirklich innerlich akzeptieren, dass es für jeden von uns in Ordnung ist, dass wir unfertig sterben, dann werden wir nicht mehr in dieser Hektik aus der Puste kommen, dass wir alles erhaschen und erwischen wollen, was es überhaupt gibt.

Warum habe ich mir diesmal noch vor der Geburt das und das vorgenommen? Denn der Gedanke ist, wenn der Mensch noch vor der Geburt als ewiger Geist da steht, dass er nach seinem letzten Tod Bilanz gezogen hat: Wer bin ich bis jetzt geworden? Was steht noch bevor? Was muss ich noch in Angriff nehmen, was werde ich noch in Angriff nehmen dürfen?, dann entsteht ein Entwurf des nächsten Lebens.

Das höhere Ich, der Schutzengel eines jeden Menschen entwirft einen Überblick auf das nächste Leben. Durch das Sichverbinden mit dem Körper entsteht eine Verdunkelung des Bewusstseins. Aber jeder Mensch trägt in sich überbewusst, was die deutsche Klassik, die Idealisten oder auch ein Goethe das höhere Ich genannt haben. Und dieses höhere Ich weiß, dass noch vor der Geburt die wesentlichen biografischen Daten schon festgelegt worden sind. Diesmal werde ich das und das in Angriff nehmen und das und das auf ein nächstes Leben verschieben, weil nicht alles auf einmal getan werden kann.

Und zu dieser Planung, zu dieser weisheitsvollen Planung des ganzen Lebens gehört, dass jeder Mensch von einer göttlichen Führung die Möglichkeit bekommt, so viel wie er kann von dem, was er in der Vergangenheit versäumt hat, nachzuholen. Der Gedanke der Nachholbarkeit von dem, was man versäumt, ist ein sehr komplizierter. Und als Andeutung möchte ich nur sagen, wenn es gar keine Möglichkeit gäbe nachzuholen, dann gäbe es keine Liebe.

Wenn dagegen die Nachholbarkeit 100-prozentig sein könnte, sodass es möglich wäre, zu allen Zeiten alles nachzuholen, dann gäbe es weder die Freiheit noch die Entwicklung in der Zeit. Die Nachholbarkeit ist vorhanden, aber nicht unbegrenzt, weil die Freiheit sich eben immer mehr festlegt auf die eine oder auf die andere Seite. Das nur als Andeutung von etwas, was sehr kompliziert ist.

Und ein Mensch kann sich sagen: Ich bin ein ewiger Geist, ich bin mit diesem Temperament, mit diesem Geschlecht auf die Welt gekommen, um mir diese und diese und diese Entwicklungschance zu geben. Ein Mensch kann sich sagen: Ich bin ein Zeitgenosse. Jeder von uns kann sagen: Ich lebe heute auf der Erde. Wer bin ich? Die Frage: Wer bin ich? können wir alle beantworten. Auch ein Aspekt dieser Frage ist: Ich bin ein Mensch, der heute lebt. Und ich bin ein Mensch, der heute lebt, heißt, ich bin ein Mensch, der bewusst lebt.

Gucken wir auf die Kinder, die jetzt auf die Welt kommen. Schauen wir auf die Kinder, die aus der geistigen Welt kommen, wie schwer sie sich tun mit einer Welt des Materialismus. Wir nennen sie Zappelphilippe! Aber nur, weil wir wirklich keine Ahnung haben, wie diese Menschengeister darum ringen, als Geister in eine Welt der Menschen herunterzukommen, wo die Menschen durch den Materialismus jede Ahnung von der Realität des Geistes verloren haben.

Sie tun sich so schwer, dass sie wirklich nur rumoren, nur zappeln können. Aber das ist ihr Ringen, das Ringen ihres überbewussten Geistes mit unserer Welt des Materialismus. Und sie sagen uns überbewusst: Wie kann es sein, dass der Mensch als Geist sein Tiefstes aus den Augen verloren hat, nämlich dass er ein Geist ist? Wie kann es sein, dass Menschengeister heutzutage nur die Welt der Materie als real erleben? Und diese Kinder, die ja als Geister keine Kinder sind, sie sind ewige Geister, sie fühlen sich völlig heimatlos.

Und dieses Mysterium der Art und Weise, wie unsere Kinder ringen mit dem Materialismus der Erwachsenen, dürfte uns auf die Frage zurückbringen: Ja, was heißt es, dass ich ein Mensch bin, der heute lebt? Ich lebe im Zeitalter des Materialismus, weil der Materialismus die höchste Herausforderung, die gewaltigste Gegenkraft ist zur Kraft des Menschengeistes. Denn es ist nicht leicht, den Geist wichtiger zu machen als das Geld – in einer Welt, wo ohne Geld nichts läuft. Und diese Welt haben wir.

Und es ist leichter gesagt als getan, du sollst den Geist wichtiger machen als das Geld. Wir haben viele Menschen, die einfach so leben, als ob das Geld – das Geld steht ja für alle materiellen Dinge, die wir kaufen, die wir verbrauchen –, als ob das Geld und alle materiellen Dinge wichtiger wären als der Geist. Es wird alles Mögliche von morgens bis abends getan für den Körper, für das Materielle, für das Geld. Und es wird kaum etwas getan für die Entwicklung des Geistes und der Seele.

Wer bin ich? Ich bin ein Mensch, der im 21. Jahrhundert lebt. Und das bedeutet: Die Geisteswissenschaft Rudolf Steiners nennt unsere Zeit die Zeit des Auferbauens der Bewusstseinsseele. Manche von Ihnen, die mich kennen, wissen, dass ich von dieser Geisteswissenschaft Steiners die größten Stücke halte, nicht aus einem Dogmatismus heraus, sondern umgekehrt, weil ich dieses kulturelle Angebot, dieses Entwicklungsangebot der Geisteswissenschaft Rudolf Steiners als das Undogmatischste, Universellste, Menschheitlichste, was es gibt, betrachte. Und ich habe, bevor ich Steiner entdeckt habe, die ganze Welt abgeklappert. Nicht umsonst habe ich alle meine Haare verloren, weil ich wirklich durch die ganze Welt gesaust bin. Und Jahre später habe ich überhaupt erst diesen Steiner entdeckt. Also ich wollte sagen, dieser Steiner redet davon, dass wir zum ersten Mal in einem Zeitalter leben, in dem wir die Frage: Wer bin ich? stellen.

Ich bin ein Mensch, der im Zeitalter der Bewusstseinsseele lebt. Das heißt für den heutigen Menschen, für mich, der heute im 21. Jahrhundert lebt, funktioniert nur das, was ich zum Bewusstsein bringe. Das ist die Bewusstseinsseele. Es muss alles zum Bewusstsein gebracht werden. Die Autoritäten, die nicht aus dem innersten Bewusstsein heraus wirken, haben immer weniger eine tragende Kraft. Ich bin ein Mensch, der in der Zeit lebt, wo nur die Kräfte des innersten Bewusstseins, dessen, was ich mir zum Bewusstsein bringe, mir Kraft gibt. Und was ein anderer mir entgegenbringt, kann höchstens eine Anregung sein.

Und die große Aufgabe, die für uns ansteht, ist Bewusstseinsbildung. Die erste Aufgabe: Bewusstseinsbildung. Und die zweite Aufgabe ist noch mehr Bewusstseinsbildung. Und die dritte Aufgabe noch mehr Bewusstseinsbildung. Denn die einzige Alternative ist das Predigen des Sollens. Und wir haben gesehen, wir können das Fazit ziehen, es ist kümmerlich, was das Predigen des Sollens hervorgebracht hat. Der Mensch will eigenes Bewusstsein entwickeln. Er will sich die Dinge bewusst machen – als Mensch, der heute lebt.

Vor 1000 Jahren war es anders, vor 2000 Jahren war es anders. Da gab es noch keine Menschen wie heute, das menschliche Bewusstsein war noch kindhaft. Das Individuum hat damals nicht gesagt: Ich bin ein Ich, das sich selbst eigene Gedanken über das Weltgeschehen machen kann, machen will. Heute will jeder sich die Dinge selbst bewusst machen. Aber dann heißt es: Gut, aber dann musst du dich bemühen, die Dinge selbst zu verstehen, die Dinge selbst zu studieren, die Dinge selbst auch zu ergründen. Denn Bewusstwerdung, Bewusstseinsbildung ist noch schwieriger als alle Formen von Ausbildung, die wir haben.

Eine Fachausbildung für irgendeine Betätigung als Arzt oder auch als Lehrer ist viel leichter als eine Bewusstwerdung, die uns bewusst macht, was es heißt, in der heutigen Zeit zu leben, was es heißt, Mensch zu sein. Es ist unendlich. Es ist uferlos, was da zum Bewusstsein gebracht werden kann, woher die Depressionen kommen, woher die Aggressivität kommt, und so weiter.

Das Mysterium des Menschen immer umfassender zu ergründen, immer subtiler, immer artikulierter, immer gegründeter: Das ist die Aufgabe der Bewusstseinsseele des Zeitalters. Es klappt nur in dem Maße, indem ich mir selbst die Dinge bewusst mache. Und wie gesagt, eine ganz wichtige Portion der Antwort auf die Frage: Wer bin ich? ist: Ich bin ein Mensch, der heute im 21. Jahrhundert lebt mit der Aufgabe, mit der kulturellen Aufgabe und mit den dazu gegebenen Widerständen, immer mehr Bewusstsein zu entwickeln.

Es gibt keine Möglichkeit, gut zu leben, verehrte Anwesende, ohne bewusst zu leben. Die Zeiten, wo der Mensch gut sein konnte, ohne bewusst zu sein, sind vorüber. Das waren die Zeiten der Kindheitsstufe der Menschheit, wo der

Mensch nicht die Fähigkeit hatte, sich die Dinge bewusst zu machen. Da hat es genügt, ihm zu sagen, was er tun soll. Heute kann der Mensch unmöglich moralisch gut sein ohne Bewusstsein. Nur dasjenige ist gut, ist menschenwürdig, was der Mensch sich bewusst macht. Oder er muss geknechtet werden und das ist unwürdig, das ist nicht menschenwürdig, das ist nicht gut, moralisch nicht gut. Denn sich die Dinge bewusst zu machen, heißt frei zu werden.

Im Johannes-Evangelium steht dieser lapidare Satz als Grundsatz der Entwicklung: Ihr werdet die Wahrheit erkennen. Ihr werdet immer mehr Bewusstsein in Sachen der Wahrheit erlangen. Und die Wahrheit, das Bewusstsein, wird euch frei machen.[2] Dieser Satz ist wirklich zukunftsträchtig, ist ein Gedanke der Positivität ohnegleichen.

Denn wenn wir fragen würden, verehrte Anwesende: Wie viel kann sich der Mensch bewusst machen? Gibt es vielleicht Grenzen zu dem, was der Mensch erkennen, ergründen kann, sich bewusst machen kann? Und die schlichte Antwort ist: Nein, es gibt keine Grenzen zu dem, was der Geist sich bewusst machen kann. Denn Geist sein heißt unbegrenzt sein. Alle Grenzen meiner Erkenntnis sind vorübergehend, sind vorläufig, niemals prinzipiell.

Das Erkennen hat keine Grenzen! Der Geist hat keine Grenzen! Es gibt keine Grenzen zu dem, was der Mensch

2 Johannes 8,32: «Ihr werdet die Wahrheit erkennen und die Wahrheit wird euch frei machen.»

als Geist sich bewusst machen kann. Und das ist wunderbar. Also packen wir es an, machen wir das doch! Und das Leben wird schön in dem Maße, in dem der Mensch immer mehr die Dinge versteht.

Schauen wir uns an, wie kompliziert unsere Beziehungen geworden sind, nicht nur zwischen Mann und Frau, sondern auch alle Freundschaften, und so weiter, in der Arbeitswelt, in der privaten Welt. Beziehungen werden immer komplizierter, warum? Weil der Mensch immer komplizierter wird. Und was heißt komplizierter? Der Mensch wird immer individualisierter.

Der Immanuel Kant vor 200 Jahren ist noch einigermaßen unversehrt davon gekommen mit seiner allgemeingültigen Moral. Aber heute hätte er keine Chance! Er würde sehr schnell um einen Kopf kürzer gemacht werden, wenn er heute mit den zunehmenden Ansprüchen des Individuums weiterhin sagen würde – denn die Frage: Wer bin ich? muss beantwortet werden mit der Aussage: Ich bin ein Mensch mit zunehmenden Ansprüchen an das Leben –: Handle so, dass die Maxime deines Handelns auch die Maxime des Handelns des anderen sein kann. Das heißt im Grunde genommen, die Moral Kants kennt nur das, was für alle gültig ist.

Aber dasjenige, verehrte Anwesende, was für alle gültig ist, ist das Langweiligste, was es gibt. Denn interessant wird es nur, wo es individuell wird! Und wo jeder ganz individualisierte Ansprüche an das Leben erhebt, da wird es komplizierter, da wird das Miteinander schwieriger. Aber schwieriger ist nicht schlimmer. Schwieriger kann viel besser sein, weil es vielfältiger ist.

Natürlich gibt es Gesetze, wir brauchen Gesetze, wir brauchen Vereinbarungen, wir brauchen Dinge, woran sich jeder hält. Denn es kann nicht sein, dass jeder beliebig machen kann, was er will oder 10 oder 20 Menschen umbringen kann, das darf selbstverständlich nicht sein. Nur ist es ein anderes, sich zu sagen, allgemein bindende Gesetze dürften nur das verbieten, was jeder Mensch sich verbieten sollte oder dürfte in seiner eigenen Freiheit. Das heißt, das Gesetz, das wir vereinbaren, dürfte keine Gebote enthalten, sondern nur Verbote. Und nur die Handlungen gehören verboten, die wirklich die Freiheit des Betreffenden und der anderen verletzen. Die Beratung darüber, welche Handlungen wirklich die Freiheit verletzen, ist kompliziert. Und das Rechtsleben wird immer komplizierter werden.

Aber es ist ein anderes, als Orientierungskriterium zu haben, dass es eine Anmaßung ist, dass es unmoralisch ist, dem Menschen zu sagen, was er soll, denn kein Mensch soll etwas. Es gibt nur das, was das höhere Ich in seiner Freiheit will. Und diese Freiheit ist positiv, ist voller Liebe. Es gibt nur das, was der Mensch nicht darf. Und das gehört verboten. Ansonsten gibt es nichts, was der Mensch soll. Es gibt nur das, was jeder ganz individuell anders als ein anderer in seinem Wesen als Bereicherung der Menschheit will. Denn wenn alle Menschen wirklich dasselbe wollten, hätten wir einen Friedhof, eine Gleichschaltung ohnegleichen, die ewige Langeweile. Unsere Moral ist doch völlig antiquiert, immer noch eine Moral für Kinder, denen gesagt werden muss, was sie tun sollen.

Ein vernünftiger Mensch braucht nur zu wissen, was er selbst nicht will, weil das seine und des anderen Freiheit verletzen würde. Das will er ja gar nicht. Darum braucht er das Verbot gar nicht. Ansonsten will er wissen, was er sich ganz individuell als Bereicherung, als einzigartige Bereicherung der Menschheit und seines eigenen Wesens sich vorgenommen hat.

Und was ein Individuum will, ist Gift für ein anderes Individuum. Denn das würde heißen, das andere Individuum ist nicht ein anderes, sondern dasselbe. Was für einen Menschen gut ist, kann unmöglich für einen anderen Menschen gut sein. Denn sonst wäre der andere Mensch genau derselbe Mensch. Das heißt, wir schleppen in uns eine Moral der Uniformierung in einer Zeit, wo das Individuum immer individualisiertere, einzigartigere Ansprüche an das Leben erhebt. Und dieses Individualisierte ist doch schön. Das ist der Reichtum der Menschheit! Denn was wäre ein Organismus, wenn alle Glieder, alle nur dasselbe täten?

Wer bin ich? Was will ich? Ich bin ein einzigartiges Individuum. Das Menschsein äußert sich in mir ganz anders als in einem anderen Menschen. Und ich bin heruntergekommen, ich habe mich in diese heutige Welt, in diese heutige Menschheit, in diese kulturellen Umstände inkarniert, verkörpert mit einem ganz individualisierten Willen, mit Begabungen, die meine ureigensten sind. Und was ich will, ist auf meine Art und Weise zu lieben, frei zu sein, deutsch zu sein oder Mann zu sein oder Frau zu sein, ganz gleich, auf eigene Art und Weise, zur Bereicherung meines eigenen Wesens und der ganzen Menschheit. Und der Wille eines anderen Ich hat bei mir nichts zu suchen! Und ich habe bei ihm nichts zu suchen!

Dass wir gemeinsam Handlungen haben, die verboten gehören, das ist doch selbstverständlich, verehrte Anwesende. Jeder vernünftige Mensch versteht das. Und Hand aufs Herz, warum mogeln wir mit den Zehn Geboten des Alten Testaments, wo, wenn wir sie aufzählen, lauter Verbote daraus werden? Stehle nicht! Töte nicht! Verzeihen Sie, jetzt heißt es, die armen Ausländer müssen gut integriert werden, das heißt, sie müssen gut Deutsch lernen. Und wenn ich lese: Stehle nicht, töte nicht, das nenne ich ein Verbot, verzeihen Sie, warum Gebot?

Denn Gebot heißt, es wird eine Handlung geboten. Du sollst diese Handlung tun, das heißt, die Zehn Gebote sind keine zehn Gebote, es sind zehn Verbote. Und dann ist die Welt in Ordnung. Gebote gibt es nicht, darf es niemals geben. Denn welcher Mensch kann sich anmaßen, dem anderen zu gebieten, was er zu tun hat? Das ist das Unmoralischste, was es gibt! Das ist reine Ausübung der Macht auf den anderen Menschen!

Jeder Mensch kommt mit einem ganz individualisierten Liebes- und Freiheitswillen auf die Welt. Freiheitswille heißt, er will sein Wesen in der Freiheit ganz anders verwirklichen als es das Ich eines anderen Menschen will. Und Liebeswillen heißt, die Entfaltung seiner einmaligen Begabungen, seiner Einzigartigkeit kommt allen Menschen zugute, sodass ihnen die Bedingungen zur Verfügung gestellt werden, damit jeder dann die Mittel zur Verfügung hat, um immer freier zu leben.

Der Urwille des Ich ist eine ganz individualisierte Art frei zu sein, schöpferisch zu sein, künstlerisch mit dem eigenen Leben umzugehen und liebevoll durch die Entfaltung der Einzigartigkeit des eigenen Wesens, alle anderen Menschenwesen zu befruchten, sodass die Begabungen des einen den Bedürfnissen des anderen entsprechen. Denn die Menschen-Iche sind von einer erhabensten moralischen Fantasie der Liebe so gedacht worden, dass sie zueinander stehen wie die Glieder eines Organismus. Und das immer zu werden, es immer besser hinzukriegen, dass wir so leben, dass die ureigensten individuellsten Begabungen und Talente des einen liebevoll den Bedürfnissen des anderen entsprechen, das ist die Entwicklungsperspektive eines jeden Ich.

Was will ich? Ich will immer mehr individualisierte Freiheit und immer mehr individualisierte ganz einzigartige Liebe zu allen Menschen. Im Alltag konkretisiert sich die Frage: Wer bin ich? in der Frage: Wer bin ich für dich hier und jetzt? Was ist ein Mensch für den anderen Menschen? Ein Mensch kann in einem Augenblick des Lebens sich eine Rose anschauen, eine wilde Rose und dieser Rose sagen: «Verweile doch, du bist so schön!» Das steht in Goethes *Faust.* Das war die Wette zwischen dem Teufel und dem Menschen. Teufelsgeist und Menschengeist. Die Wette war, wenn der Augenblick kommen sollte, dass ich aufhöre zu streben und dem Augenblick sage: «Verweile doch, du bist so schön!» in dem Sinne, dass ich mich jetzt hinsetzen und nicht weiter streben möchte, dann hat der Teufel gewonnen.

Und wenn der Mensch den Mitmenschen, den geliebten Menschen sich anschaut und sagt – ja, der eine fragt: Wer bin ich für dich? –: Verweile doch, du bist so schön, dann ist die Antwort: Ja, der Mensch kann nur schön sein, er kann nur verweilen dadurch, dass er in jeder Weile, in jedem Augenblick ganz anders wird. Denn das Verweilen ist das ewige Währen des Menschseins über Jahrhunderte, über Jahrtausende hinweg. Verweile doch und du bist jeden Tag ganz anders schön. Du verweilst, weil du ewig bist, aber jeden Tag anders.

Wer bin ich für dich? Im besten Fall ist man für seinen Freund eine ewige Überraschung. Das ist möglich. Man kann zumindest danach streben, weil sonst das Leben langweilig zu werden droht. Und wie wird man, wie werde ich zu einer Überraschung für den anderen? Dadurch, dass ich immer Neues hervorsprudeln lasse aus der Fantasie meines Denkens, meines Geistes, meiner Liebe.

Ich habe einmal, ich meine auch von hier, von dieser Stelle aus, den vielleicht etwas saloppen Satz erwähnt – er muss ja vom Süden stammen, aber Sie nehmen den Satz für das, was er bedeutet –, jemand hat gesagt, und er muss ja vom Süden stammen: Zu lieben heißt, tausendmal zu sagen, ich liebe dich, ohne sich zu wiederholen.

Verweile doch, du bist so schön. Und die Frage: Wer bin ich für dich? wird dann mit der Frage beantwortet: Wer bist du für mich? Denn ich kann gar nicht sein ohne dich. Ich kann gar nicht sein. In der Antwort auf die Frage: Wer bin ich? ist mitenthalten: Ich bin gar nichts ohne alle Menschen, die um mich herum sind, vor allem die schicksalshaft mit mir enger verbunden sind.

Ohne dich gäbe es mich gar nicht. Ohne dich wäre ich gar nichts. Wir können nur zusammen sein, gerade weil wir so unterschiedlich sind, weil der eine das ist und das hat, was der andere nicht ist und nicht hat. So wie die vier Saiten der Geige gerade deshalb so schön zusammen klingen können, weil auf der einen Saite nicht die Noten gespielt werden können, die auf der anderen gespielt werden können.

Ich bin ein lebendiges Glied im Organismus der Menschheit und ich könnte gar nichts sein, ich wäre gar nichts geworden ohne diesen Liebeszusammenhang des Menschheitsorganismus. Und das immer tiefer zu werden, aus dem Bewusstsein heraus sich einzugliedern, übersinnlich geistig durch die Kräfte der Liebe eins zu werden, ohne sich zu verlieren, diesen geistigen Organismus der Menschheit, eine Globalisierung der Liebe und des Geistes hervorzubringen, das ist die Aufgabe der Zukunft.

Was will ich? Ich will immer tiefer, immer realer zu einem lebendigen Bild, zu einem lebendigen Organ, zu einer lebendigen Zelle im Menschheitsorganismus werden. Aber das bedeutet, dass ich, dass mein höheres Ich in seinem Bewusstsein immer mehr die Anliegen der ganzen Menschheit, von allen Menschen zu seinen innersten Herzensangelegenheiten machen will. Ich bin ein Mensch, ich bin ein Geist, der danach strebt, alle Menschheitsangelegenheiten zu seinen innersten individuellsten Herzensangelegenheiten zu machen. Was jeden Menschen auf der Erde angeht, rührt mich innerlichst, innigst an.

Und wiederum ein Grundsatz der Entwicklung vom Urphänomen des Menschlichen geäußert, von diesem Sonnengeist, der vor 2000 Jahren drei Jahre lang auf der Erde gelebt hat, ein Grundsatz, um die Frage zu beantworten: Wer bin ich? Wer bist du als Mensch? war: Das, was du dem geringsten der Menschen tust, das hast du mir getan, dem Geist der

Menschheit. Das hast du allen Menschen getan und vor allem dir selbst. Denn die Menschheit ist unteilbar, so vielfältig sie ist, so einzigartig jeder Mensch ist, so unteilbar ist die Menschheit als einziger Geist.[3] Also, die Frage: Wer bin ich? heißt: Wer bin ich geworden? Wer bin ich heute aus der Vergangenheit heraus? Was habe ich bis jetzt aus mir gemacht?

Und was will ich? ist die Frage der Zukunft. Was will meine Freiheit ab diesem Moment? Und meine Freiheit, mein Innerstes, mein Höchstes will dasjenige in Angriff nehmen, dasjenige werden, dasjenige üben, die Erfahrungen machen, die ich noch nicht gemacht habe, dasjenige werden, was ich noch nicht geworden bin, nicht nur mir zuliebe, sondern allen Menschen zuliebe.

Ich will mich selbst so lieben, dass ich dem anderen zuliebe mich liebe. Und ich meine, verehrte Anwesende, wenn wir diesen Schritt des Gedankens wirklich verstehen, lebt es sich viel besser. Man braucht keine Gewissensbisse mehr, wenn man dem anderen zuliebe seinen Körper gut behandelt, dem anderen zuliebe guter Gesundheit sein will. Es lebt sich viel besser ohne Gewissensbisse, wenn meine Gesundheit zu etwas wird, was ich dem anderen schulde. Denn wenn ich meine Gesundheit vernachlässige, bin ich für den

---

3 Matthäus 25,40: «Und der König wird antworten und zu ihnen sagen: Wahrlich, ich sage euch: Was ihr getan habt einem von diesen meinen geringsten Brüdern, das habt ihr mir getan.»

anderen nichts wert. Es kann sogar sein, dass er Geld ausgeben muss, um mich zum Arzt zu bringen.

Also die Bredouille (Verlegenheit, Schwierigkeit) des Egoismus besteht darin, dass der Mensch sich liebt, was ja schön ist. Nur vergisst er, ist er nicht gescheit genug, um zu wissen, dass es viel besser ist, sich dem anderen zuliebe zu lieben. Denn dann wird die Liebe nicht nur gescheiter, sondern besser. Und sie braucht keine Gewissensbisse! Das ist das Schöne. Denn sich zu lieben, und den anderen sausen zu lassen, das muss Gewissensbisse erzeugen.

Das heißt, die heutige Menschheit hat noch nicht einmal die gescheite Selbstliebe entdeckt. Sie kennt nur die dumme Selbstliebe. Denn die gescheite Selbstliebe, die gescheitere Selbstliebe schließt die Nächstenliebe ein. Das ist doch viel besser! Denn wenn ich mich dem anderen zuliebe liebe, dann wird die Selbstliebe zur heiligen Pflicht der Liebe zum anderen. Und dann ist es schön. Denn wenn der andere es genauso macht und der andere wiederum und der andere wiederum, ist die Welt in Ordnung.

Was will ich? Ich will allen anderen Menschen zuliebe das Beste aus mir machen. Denn nur wenn ich das Beste aus mir mache, werde ich das Beste haben, um das den anderen zu schenken. Das will ich, aus meinem tiefsten Wesen. Und wenn ich mir das bewusst mache, wird das Leben schön, es wird wunderbar. Jeder kann das ausprobieren, jeder kann tun, was er will!

Er braucht nur die Dinge nicht zu tun, das nicht zu tun, was verboten ist. Ansonsten kann jeder tun, was er will. Es gibt Platz genug auf der Welt. Nur die Mächte möchten die Menschen unter Druck setzen, dass sie das nicht dürfen, das nicht dürfen, das nicht dürfen, was die Menschen unversehrt tun könnten. Das Leben ist dazu da, dass jeder alles ausprobieren soll, was er will! Und die Handlungen, die verboten gehören, sind nicht allzu viele. Denn es wäre genug, wenn wir uns gegenseitig in Ruhe lassen. Wirklich, es wäre mehr als genug. Dann kann jeder machen, was er will.

In seiner *Philosophie der Freiheit* bringt das Rudolf Steiner auf eine Formel und sagt: Die Maxime der freien Menschen, der liebenden Menschen, ist: «*Leben* in der Liebe zum Handeln und *leben lassen* im Verständnis (damals Verständnisse) des fremden Wollens.» Die Unterstellung ist, der Wille des anderen ist mir fremd. Denn wenn der Wille des anderen mir nicht fremd wäre, dann wäre ich der andere. Das ist ein anderer Geist mit einem anderen Willen. Er hat sich ganz andere Dinge vorgenommen, um sich zu realisieren, um das zu werden in diesem Leben. Und für mich ist das Betrachtung, ist das Sache der Freude! Ich werde alles tun, um ihm das zu ermöglichen. Warum soll mich das stören, dass er etwas ganz anderes realisieren will als ich?

«*Leben*
in der Liebe zum Handeln
und *leben lassen*
im Verständnis des fremden Wollens
ist die Grundmaxime
der *freien Menschen.*»
(Kap. IX.)

Wir machen eine Pause, und dann bin ich ganz gespannt, was Sie dazu zu sagen haben.

Fragenbeantwortung

Pietro Archiati: Hat sich jemand etwas ausgedacht?

Teilnehmer: Ich habe eine Frage. Ich habe im Internet geschaut und dachte: Ja, unter Youtube oder so oder Google da finde ich bestimmt ein paar Vorträge von Ihnen, und kann das jetzt einfach zu Hause angucken und kann mir etwas vorüberlegen. Das habe ich leider nicht gefunden, das habe ich richtig vermisst. Meine Empfehlung wäre, ob Sie vielleicht einfach, also Ihre Vorträge sind ja eine Fülle, ich kann ja nicht hinterher reisen, ich habe überhaupt nicht die Zeit und das Geld dafür, ob Sie die nicht bei Youtube einfach ein bisschen reinstellen können? Das wäre auch für Millionen von Menschen einfach so eine Inspiration, das anzugucken, die oft nichts anderes vorhaben, als da zu gucken, was es eben da halt gibt und ganz oft ist da Blödsinn drinnen und das würde ich wirklich sehr begrüßen, wenn da auch etwas Positives, Sie in Erscheinung treten würden. Danke.

P. Archiati: Google ist ein englisches Wort, das heißt: «guck»! Und hier geht es nicht um «gucken», es geht um «hör zu».

Teiln: Ja, aber das ist ja, also das sind Vorträge, die Sie einfach reinstellen können und dann kann man das hören. Das sind Millionen Menschen, die sich das reinhauen würden und sich das anhören und sich inspirieren lassen würden. [Letzter Satz nicht verständlich.]

P. Archiati: Wenn Sie das machen, werde ich Sie nicht köpfen. Ich habe genug zu tun. Heute muss man davon ausgehen, dass durch die Medien, die wir haben, muss ein Redner davon ausgehen, dass er festgenagelt werden kann auf jedes Wort. Und jeder macht dann daraus, was er will.

Teiln: Sie haben davon gesprochen, dass jeder Mensch in jeder Epoche alle Erfahrungen macht. Jetzt haben wir bald zehn Milliarden Menschen auf der Welt. Ich glaube im ganzen alten Ägypten haben nie zehn Milliarden Menschen gelebt. Selbst über zwei- bis dreitausend Jahre nicht. Wie passt das zusammen?

P. Archiati: Das ist eine Frage, die immer wieder gestellt wird und die immer wieder zum Bewusstsein gebracht werden muss. Es gibt zwei Möglichkeiten, Grundmöglichkeiten. Entweder ist es so oder so. Wenn wir davon ausgehen, dass jeder Mensch nur einmal lebt – das wäre die eine Möglichkeit, die im Westen ziemlich allgemein verbreitet ist; im Osten hat man immer gedacht, die östlichen Religionen haben immer den Gedanken der Wiederverkörperung gehabt; in wieweit das verstanden wurde, ist eine andere Sache –, wenn wir davon ausgehen, dass jeder Mensch nur einmal lebt, wäre es viel schwieriger, Ihre Frage zu beantworten, als mit der anderen Annahme.

Denn wenn jeder Mensch nur einmal lebt, dann könnte der Grund sein, warum wesentlich mehr Menschen heute auf die Erde kommen als vor fünftausend Jahren, dass heute das Leben auf der Erde diesen Menschengeistern doch viel appetitlicher vorkommt. Und das scheint im Widerspruch zur Tatsache zu stehen, dass wir zunehmend Kinder erleben, die sich gerade schwer tun mit der Welt, in die sie gekommen sind. Also ich fasse das so zusammen, dass in der Annahme, dass jeder Mensch nur einmal lebt, diese Frage keine zufriedenstellende Antwort finden kann. Aber Sie nehmen dazu nochmals Stellung.

Nehmen wir die andere Grundannahme. Wenn das stimmt, also die andere Grundannahme – denn entweder ist die eine oder die andere wahr, sie können nicht beide gleichzeitig wahr sein –, dass jeder Mensch von Anfang bis Ende durch wiederholte, nicht unbegrenzte, aber wiederholte, mehrere Erdenleben an der ganzen Entwicklung der ganzen Menschheit, an der ganzen Entwicklung der Erde Anteil hat, dann heißt es, dass wir es immer, zu jeder Zeit mit zwei Schichten der Menschheit zu tun haben: mit den Menschen, die jetzt inkarniert sind, und mit den Menschen, die jetzt zwischen ihrem letzten Tod und der nächsten Geburt stehen, das heißt mit den Menschengeistern, die entkörpert sind und die sich später wieder inkarnieren.

Das heißt, die Menschheit besteht aus zwei Schichten. Und die Schicht, die zu jeder Zeit entkörpert ist, ist immer wesentlich größer im Verhältnis, selbst wenn die Inkarnierten sechs oder zehn Milliarden sind, weil im Durchschnitt das Leben im verkörperten Zustand, das Leben auf der Erde immer wesentlich kürzer ist als die Zeit, die der Mensch im Durchschnitt zwischen Tod und neuer Geburt verbringt.

Das heißt, dass, wenn wir jetzt sechs Milliarden Menschen inkarniert haben, die Entkörperten mindestens zwischen zehn und zwanzig Milliarden sind, um eine Zahl zu nennen. Das heißt dann, wenn die jetzt Entkörperten zwanzig Milliarden sind, dann ist die Gesamtzahl der Menschen-Iche sechsundzwanzig Milliarden. Und die sind gedacht worden, geschaffen worden seit dem ersten Anfang von einer, wenn das zutrifft, erhabensten Fantasie, einer moralischen Fantasie der göttlichen Liebe.

Und jetzt ergibt sich eine Antwort auf die Frage: Warum gibt es heute, relativ gesehen, mehr verkörperte Menschen als zur Zeit der Ägypter? Und damals waren es höchstens eine Milliarde, heute sechs Milliarden, in weniger Zeit zehn Milliarden, wir sind nicht sicher, denn wenn es zu viele werden, was macht die geistige Führung?

Teiln.: Erdbeben.

P. Archiati: Ein Tsunami her und ein paar Hunderttausende bitteschön in die geistige Welt. Also wir haben diese Dinge nicht in der Hand, wohlgemerkt. Aber die Frage ist: Warum sind heute sechs Milliarden inkarniert, wesentlich mehr als die Menschen, die vor tausend Jahren, vor zweitausend Jahren inkarniert waren? Und es gibt zwei wissenschaftliche Gründe, die jeder nachvollziehen kann. Denn nachdem ich etwas von mir gegeben habe, haben Sie immer die Möglichkeit, etwas dagegen zu sagen. Aber überlegen Sie sich gut, was Sie dann sagen. Und ich nenne zwei Faktoren, die wir in der Hand haben: Der eine ist die gestiegene, und gewaltig gestiegene, Lebenserwartung.

Zur Zeit Goethes war die durchschnittliche Lebenserwartung 52, mehr nicht. Heute weit über 70. Das bedeutet, dass, wenn die Lebenszeit im Durchschnitt so gewaltig zunimmt, muss die Zahl der Menschen, die im Zeug drinnen stecken, zunehmen.

Zweiter Faktor, Sie überlegen sich, was Sie dagegen zu sagen haben, Sie überlegen sich das ganz gut, das ist jetzt nicht so experimentell nachvollziehbar, aber man kann durch einen Rückschluss dahinterkommen. Wir haben schon Jahrhunderte – und das ist eine Tatsache – Materialismus, das ist ja wunderbar, das heißt das Hängen des Menschen am Irdisch-Materiellen, am Sinnlich-Wahrnehmbaren, weil er das andere gar nicht kennt, was ja eine Entwicklungsnotwendigkeit ist, ich will das als Tatsache nicht kritisieren.

Was tut der Mensch, wenn er stirbt? Er kann in der geistigen Welt mit diesen Engelchen, die die Geige spielen, gar nichts anfangen. Und laut Rudolf Steiner – aber das dient mir, ich nehme das nur, wenn das mir erklärt, was ich auf der Erde sehe – haben wir inzwischen viele Menschengeister, die durch die Begierdenhaftigkeit, dadurch, dass sie einerseits mit der geistigen Welt kaum etwas anfangen können und in sich eine große Begierde nach der irdischen, sinnlich wahrnehmbaren Welt tragen, dazu tendieren, ein, zwei, drei Jahrhunderte früher herunterzukommen.

Das wäre dann eine Erklärung für die zunehmende Zahl der Inkarnierten von dieser anderen Seite, dass man später stirbt und früher geboren wird. Und das erklärt – es gibt auch andere Faktoren –, aber diese zwei genügen, um zu erklären, dass wir heute, verglichen, wohlgemerkt, mit vor dreitausend Jahren, mehr Menschen inkarniert haben als vor dreitausend Jahren. Aber zu jeder Zeit ist die Zahl der Inkarnierten immer geringer, immer kleiner als die Zahl der Entkörperten.

Zur Zeit Platons, das steht in seinen Schriften, also klassisch gesehen war es so, wenn das Sie interessiert: Die Sonne verbringt in einem Tierkreiszeichen, das ist eine astronomische Zahl, 2160 Jahre. Das heißt, klassisch hat es immer geheißen, alle 2160 Jahre ändern sich die Kulturverhältnisse, die Inkarnationsverhältnisse gravierend auf der Erde. Das heißt, jeder Mensch muss mindestens einmal die Möglichkeit haben, einmal alle 2160 Jahre sich zu inkarnieren. Es wäre lieblos, es wäre menschenwidrig, gegen die Würde des Menschen, dass ihm nicht die Chance gegeben wird, jedes Mal, wenn die Verhältnisse auf der Erde ganz anders sind, sie wirklich in Anspruch zu nehmen.

In Zeiten, in denen die Freiheit noch nicht eine so gewaltige Rolle gespielt hat – Platon ist ja drei bis vier Jahrhunderte vor Christus –, in denen die Dinge noch ein bisschen regelmäßiger zugingen, hat es immer geheißen: Weil die Inkarnation als Mann und als Frau so unterschiedlich ist, dass, wenn wir 80 Jahre im Leben nehmen und 1000 Jahre zwischen Tod und neuer Geburt, dass wir dann 1080 Jahre für die eine Inkarnation haben, für die Frauen meinetwegen, und die nächsten 1000 Jahre in der geistigen Welt und wieder 80 Jahre als Mann oder als Frau. Und 1000 + 80 + 1000 + 80 sind 2160 Jahre.

Und bei Platon finden Sie, dass die durchschnittliche Zeit, die der Mensch damals – heute ist es für viele Menschen nicht mehr so – in der geistigen Welt zwischen Tod und neuer Geburt verbringt, 1000 Jahre waren. Das heißt auf jeden Fall länger, wesentlich länger als die Zeit auf der Erde. Die kanonische Lebensdauer war ja, das sind alles astronomische Zahlen, die Zeit, die die Sonne braucht, um sich 1° zu verschieben. Wenn die Sonne sich um 1° verschiebt, wird der Stern der Geburt des Menschen, das Horoskop der Geburt frei und der Stern, unter dem der Mensch sich inkarniert hat, ruft den Menschen zurück. Und das sind ungefähr 72 Jahre, 71 Komma, wenn Sie wollen.

Wollen Sie etwas sagen? Ich gebe Ihnen das Mikrofon, vielleicht kommt es bis dahin.

Teiln.: Wenn die Gebote so frei sind, wie Sie sagen, dann kann es ja einem Geist oder einer Seele locker möglich sein, auch einige tausend Körper zu übernehmen. Es genügt ja schon, wenn ich einen Mercedes oder VW habe, fühle ich mich anders. Immer noch im selben Körper, aber da würde ich sozusagen, modern gesagt im Parallelkorso sein, in den verschiedenen Körpern mich verschieden fühlen. Jedes von diesen kopierten Ichs würde von sich selber als einem Individuum sprechen. Und das wäre gar nicht unnatürlich. Und wäre das nicht sozusagen eine sehr viel einfachere Erklärung. Und noch eine kleine Zusatzfrage: Sie sprachen vom Sonnengeist, der vor zweitausend Jahren sich drei Jahre hier aufgehalten habe. Das fand ich sehr interessant. Also gibt es dafür Anhaltspunkte?

P. Archiati: Wiederholen Sie die erste Frage in aller Kürze.

Teiln.: Ja, wenn Gebote so frei sind, wie Sie sagten, dann kann ja eine Seele auch mehrere Körper übernehmen und sich in jedem Körper individuell fühlen. Ich könnte sozusagen hier kopieren und das würde es erklären. Zwar fühlt sich jeder, der gerade einen Körper übernommen hat, ganz individuell, aber es würden sich vielleicht tausend Leute, wenn sie sich gut erinnern, an ein gemeinsames früheres Ich sich erinnern. Und das wäre ja auch eine Erklärung und die müsste gar nicht unnatürlich sein.

P. Archiati: Ich fange an mit der zweiten Frage, weil ich die erste, ganz ehrlich gesagt, nicht ganz verstanden habe. Aber vielleicht wird uns jemand helfen.

Also nur ganz kurz zur zweiten Frage. Der Sonnengeist, der normalerweise Christus genannt wird: Sie beziehen sich auf die Tatsache, dass traditionell gesagt wird, er ist geboren zu Weihnachten und ist mit 33 Jahren gestorben. Dann sollte er 33 Jahre auf der Erde gelebt haben.

Nur, ich fasse das in aller Kürze zusammen, zwei von vier Evangelien, und zwei nicht unbedeutende, das Johannes-Evangelium und das Markus-Evangelium, übergehen völlig, ignorieren, sagen gar nichts über dasjenige, was geschehen ist von der Geburt bis zum 30. Lebensjahr. Und Markus und Johannes heben an (fangen an) mit dem 30. Lebensjahr, mit der sogenannten Taufe im Jordan.

Und alle vier (Evangelien) sagen: Diese Taufe im Jordan ist das Sichverbinden des Sonnengeistes mit diesem Jesus von Nazareth. Und bis dahin haben wir Jesus von Nazareth als zukünftigen Christus-Träger oder Träger des Christus-Geistes. Aber die eigentliche Menschwerdung des Sonnengeistes in den Jesus von Nazareth ist bei der Johannes-Taufe geschehen und hat drei Jahre gedauert.

Und jetzt, wie soll ich sagen, negativ gesehen, als negative Frage für Theologen, die sich schwer damit tun, wenn Sie das zum ersten Mal hören – denn ich habe selbst, bevor ich Steiner entdeckt habe, ein ganzes Theologiestudium hinter mir gehabt –, wäre als Hilfe die Frage: Wenn die Inkarnation des Logos, die Verkörperung des Logos, bei der Geburt geschehen ist, wie können zwei von den vier Evangelien dieses bedeutsamste Ereignis ignorieren? Ganz undenkbar. Das heißt, das Christentum, das traditionelle Christentum hat noch einiges zu kauen. Ist ja in Ordnung, man braucht nur zu kauen.

Teiln.: [akustisch unverständlicher Beitrag]

P. Archiati: Ja, des Sonnengeistes in den Jesus von Nazareth. Ich habe manchen Theologen gesprochen und gefragt: Du, wie erklärst du die Tatsache, wenn das göttliche Wesen, Gott Mensch geworden ist, wie auch immer man das ausdrücken will, wenn das bei der Geburt geschehen ist, wie können zwei, das heißt die Hälfte der Evangelien das einfach ignorieren, übergehen? Denn das ist eine Tatsache. Das Johannes-Evangelium und das Markus-Evangelium fangen mit dem 30. Lebensjahr mit der Taufe im Jordan an.

Teiln.: Also eben haben wir gehört, dass zwei Seelen in einem Körper sein können, Jesus und der Sonnengeist sind zugleich in einem Körper. Ebenso könnte es sein, dass eine Seele in mehreren Körpern ist. Das war meine Frage.

P. Archiati: Ich habe ja gesagt, wir fassen Dinge zusammen, die sehr kompliziert sind. Ansonsten können Sie die ganzen Bände Steiners studieren. Jetzt werden sie im Archiati Verlag (heute *Rudolf Steiner Ausgaben*) sehr billig, für alle zugänglich herausgegeben. Gerade was Sie gesagt haben, trifft nicht zu, weil die Voraussetzung, dass der Christus-Geist oder Sonnengeist von diesem dreifachen Körper – sie werden physischer Körper, Ätherkörper, Astralkörper genannt – Besitz ergreift, die Voraussetzung war, dass das Ich des Menschen Jesus von Nazareth hinausgeht. Das ist die Voraussetzung. Denn es können ganz unmöglich zwei Iche gleichzeitig denselben Körper bewohnen. Das ist eine absolute Unmöglichkeit. Aber das weiter zu erläutern, würde uns zu weit führen.

Teiln.: Sie haben als zentrale Aufgabe Bewusstseinsbildung genannt und dieser Begriff ist für mich sehr unscharf noch. Was heißt das? Mir fallen Assoziationen ein: Unbewusstes, Vorbewusstes, Bewusstheit. Könnten Sie diesen Begriff vielleicht etwas schärfer fassen und sagen, wie so etwas aussehen könnte, Bewusstseinsbildung. Bedarf es der Erziehung, es ist sicherlich nicht intellektuell gemeint, meine ich. Bedarf es einer anderen Schärfung anderer Sinne, wie Steiner das ja immer wieder erwähnt?

P. Archiati: Danke. Sie wollen aber nicht, dass ich einen zweiten Vortrag halte! Aber die Frage ist natürlich sehr bedeutsam. Sich etwas zum Bewusstsein zu bringen heißt, darum zu ringen, dass ich das verstehe. Und was heißt verstehen? Nehmen wir das Beispiel des Judas. Der Sonnengeist meint: Judas, wenn du nicht selbst da durchgehst, wirst du gewisse Dinge dir nicht zum Bewusstsein bringen können. Das heißt, sagen wir, das ist ein Versuch, das Unscharfe, wie Sie zu Recht sagen, ein bisschen zu fokussieren. Der Anfang der Bewusstwerdung, der Bewusstseinsbildung ist immer die Erfahrung.

Und zu Recht haben Sie sofort gesagt, die Erfahrung kann doch nicht so dünn wie der Intellekt sein. Erfahrung heißt, als ganzer Mensch etwas durchmachen, zum Beispiel einen Selbstmord. Denn der Selbstmord ist das Ende der ganzen Gedanken, des Ringens und der Fragen, und so weiter. Etwas durchmachen, was mich so gewaltig packt, dass ich dann die Frage stelle: Was ist das denn? Was wird der Mensch dadurch? Was lernt der Mensch dadurch? Was verstehe ich jetzt besser?

Mein Freund hat vor zwei Jahren etwas durchgemacht und ich habe es von außen angeschaut. Ich habe es vielleicht verurteilt. Jetzt mache ich etwas Ähnliches durch. Jetzt verstehe ich es. Das ist Bewusstseinsbildung, aus der Erfahrung verstehen. Und Bewusstseinsbildung heißt, aus der Erfahrung verstehen, das heißt, man hört auf, über den anderen zu urteilen, ihn zu beurteilen. Man hört gründlich auf. Das ist auch Bewusstseinsbildung.

Ich mache mir bewusst, ich habe überhaupt keine Möglichkeit, ein Urteil über einen anderen Menschen zu fällen. Das ist ein gewaltiges Stück Bewusstwerdung. Ich mache mir das bewusst, dass ich keine Möglichkeit habe, allein dadurch, dass ich etwas durchlebt habe, durchlitten habe unter den Urteilen anderer Menschen über mich! Wenn ich das erfahren habe, was mir das antut, dann werde ich mir bewusst machen, dass ich das dem anderen nicht antun will.

Das heißt, ohne Erfahrung keine Bewusstseinsbildung. Aber es gibt auch Menschen, die alles Mögliche erleben und zu wenig lernen. Das wäre die andere Seite Ihrer Frage. Was macht man dann? Die liebevolle Weltenführung, Menschenführung gibt diesen Menschen noch mehr Leiden, bis sie schlau werden. Was macht die Mutter mit dem Kind, das sich schadet und nicht schlau wird? Zur Bewusstwerdung muss sie die Kraft haben, das Kind mit den Folgen seiner Taten zu konfrontieren. Das wird ihm helfen – Erfahrung.

Teiln.: Sie haben aber gesagt, diese Nachholbarkeit ist begrenzt. So, wenn ich jetzt sozusagen, sage ich mal ganz plastisch, «verkacke». Was passiert dann?

P. Archiati: Jetzt bin ich total verlegen, weil alle Muttersprachler das verstanden haben. Aber ich bin ein Ausländer!

Teiln.: Vergeigt.

P. Archiati: Vergeigt.

Teiln.: Wenn ich durch Erfahrung diesen Bewusstwerdungsprozess nicht leiste, nicht schaffe, nicht bewältige, dann wegen der Liebe oder durch die Liebe die Großzügigkeit der Nachholbarkeit. Aber Sie haben gesagt, nicht unbegrenzt. So. Irgendwann ist ein Stopp. Und ich habe es in dieser vorgesehenen Zeit dann unter Umständen nicht geschafft, die Prozesse zu bewältigen oder zu erkennen, in diesem Prozess nicht zu erkennen, was zu erkennen war. Was dann?

P. Archiati: Sehen Sie? Eine gewaltige Antwort auf Ihre Frage. Denn wir üben Bewusstseinsbildung. Das ist so konkret, so greifbar. Denn so eine Frage ist gewaltig dazu angetan, dass wir daran Bewusstseinsbildung üben. Also, Sie haben eine so leichte Frage gestellt, dass ich in zwei Minuten gar nicht damit fertig werde! Ich packe aus, zwei Minuten, aber das ist dann genug, um mindestens zwei Lebensläufe lang daran zu kauen. Und ich bin selbst nur am Anfang.

Stecken wir die zwei Extreme ab. Für das Denken, für die Bewusstseinsbildung ist es immer wichtig, die Extreme abzustecken, wo man sich sagt: Nein, da geht es nicht und hier geht es nicht. Und dann ist die Wirklichkeit immer dazwischen.

Wenn es eine unbegrenzte Nachholbarkeit gäbe, würden, wären alle Menschen dazu verdammt, gut zu enden. Ich hätte nichts dagegen, außer dass es dann keine Freiheit gäbe. Sie würde keine Rolle spielen, denn wir wären alle verdammt, gut zu enden. Das ist das eine Extrem.

Das andere Extrem ist, wenn es keine Nachholbarkeit gäbe, würden wir sagen: Nein, das stimmt doch nicht, denn ich lebe in einer Welt, wo jeder versucht, dasjenige, was er verpasst hat, insoweit es möglich ist, nachzuholen. Es gibt ja im Leben täglich, von einem Tag zum anderen Nachholbarkeit.

Und jetzt werde ich ein bisschen konkreter. Das Kriterium ist die Freiheit, solange der Mensch auch nur ein Quäntchen Freiheitsvermögen behält: Frei sein heißt, nachholen zu können, sonst wäre man nicht frei. Frei sein heißt, nach allen möglichen Seiten nachholen zu können. Und wenn es nicht sein darf, dass es unbegrenzte, absolute Nachholbarkeit gibt, dann muss es möglich sein, dass ein Mensch durch stetiges, konsequentes Versäumen, durch Deaktivierung des Vermögens, das Vermögen der Freiheit rückgängig macht. Die Freiheit ist zunächst ein Vermögen. Die Aktivierung des Vermögens ist der Freiheitsvollzug. Und der Freiheitsvollzug ist etwas anderes als frei sein zu können.

Wenn der Mensch den Freiheitsvollzug immer wieder versäumt, immer wieder verpasst, immer wieder vernachlässigt, das immer wieder nicht tut, was er könnte, die wichtige Frage ist – alles zur Bewusstseinsbildung –: Bleibt ein Vermögen, das sich niemals aktiviert, niemals anwendet, unversehrt? Nein, es wird zurückgebildet.

Ich habe immer gesagt, als Beispiel: Ein Mensch, der mit 20 Jahren göttlich Klavier spielen kann und dann wegen karmischer Umstände oder was auch immer, 40, 50 Jahre niemals eine Tastatur anrührt, wir können doch nicht sagen, dass das Vermögen unversehrt geblieben ist. Das ist eine Unmöglichkeit. Das heißt, es liegt in der Natur der Freiheit, dass der Mensch die Möglichkeit haben muss, durch Nichtanwendung, durch freiheitliche Nichtanwendung, durch Trägheit, das Vermögen der Freiheit Stück für Stück rückgängig zu machen.

Und die Apokalypse ist ein Text über die letzten Dinge, das heißt über die Zukunft, die Zukunftsperspektive, die uns sagt, die letzte Perspektive der Entwicklung im Negativen ist die Stufe des Tieres. Das Tier ist das Wesen ohne Vermögen der Freiheit! Nicht ohne Freiheit! Ohne Vermögen der Freiheit! Das heißt, der Mensch hat die Möglichkeit zurückzufallen auf die Stufe des Tieres dadurch, dass er das ganze Vermögen der Freiheit rückgängig macht, vernichtet.

Im Grunde genommen wird er nicht als Mensch ausgeschlossen, sondern er hat aufgehört, Mensch zu sein, er hat sein Menschsein vernichtet. Und, liebe Anwesende, an diesem Punkt stellt sich wiederum die Frage, wenn meine Argumentierung bis jetzt sauber war, und ich meine, sie ist sauber, ich frage Sie: Ist es möglich, in einem Leben alleine das Gesamtvermögen der Freiheit zu vernichten, rückgängig zu machen? Ganz unmöglich.

Darum muss der Mensch, wenn die Welt vernünftig sein soll, mehrere Lebensläufe zur Verfügung haben, um die Möglichkeit zu haben, wenn er will, wenn er seine Freiheit immer im Negativen übt, dass er immer wieder versäumt und versäumt und versäumt, das Vermögen der Freiheit zu aktivieren, das gesamte Vermögen der Freiheit rückgängig zu machen.

Und, wenn Sie einen Trost haben wollen, der Steiner kommt daher und sagt: Wir leben in dem Gesamtzyklus der Erde. Diese Erde ist «Erde 4». Es gab eine «Erde 1», die nennt er Saturnerde. Es gab eine «Erde 2», die nennt er Sonnenerde. Es gab eine «Erde 3», die nennt er Monderde. Wir sind bei «Erde 4». Und kein Mensch hat die Möglichkeit, selbst bis zum Ende von «Erde 4» das gesamte Vermögen der Freiheit rückgängig zu machen. Es kommt noch die Jupitererde, «Erde 5», und erst bei der sechsten Erde bis zur Mitte kommt das Endgültige. Es dauert noch eine Weile.

Und trotzdem ist die Aussage ernst. Das ist das Gleichgewicht zwischen der göttlichen Liebe und der Würdigung der Freiheit des Menschen. Das ist gewaltig. Denn meine Vernunft ist an den deutschen Idealisten geschult worden. Ich bin nicht mit leichten Füßen dahergekommen. Ich habe die Geisteswissenschaft Rudolf Steiners angefangen, nachdem ich Deutsch gelernt habe, um Fichte auf Deutsch lesen zu können, Hegel auf Deutsch lesen zu können. Also ich komme nicht mit leichten Füßen daher.

Und ich versuche, die Dinge von der Vernunft her zu begründen. Und jetzt so einen Text zu lesen wie die Apokalypse und zu gucken, wie viel Vernunft der Liebe darin ist, das ist gewaltig, das ist so schön. Und wenn man sich sagt, warum leben wir so banausisch dahin, es gäbe so viel Bewusstseinsbildung, die Gesetze der Entwicklung sich bewusst zu machen.

Teiln.: Wenn ich jetzt existiere als Inkarnation, und dann mache ich diese Pause, eventuell, und dann komme ich wieder, also muss ich jetzt immer nur warten, bis die sechste Erde erreicht ist, oder kann ich das, die Freiheit in dem Sinne auch schon in diesem Leben erreichen?

P. Archiati: Sagen wir so, wie lange ein Mensch zwischen Tod und neuer Geburt ist, wie viel Zeit der Mensch verbringt, wird immer individueller.

Zum Beispiel ein Kriterium, wann der Mensch zurückkommt, ist, ob er im nächsten Leben, wir alle, ob wir uns vorgenommen haben – jeder Mensch muss eine Wahl treffen –: Diesmal werde ich vordergründig meine Entwicklung fördern und nur hintergründig die Entwicklung anderer Menschen. Oder man inkarniert sich und sagt: Diesmal will ich meinen Beitrag zur Entwicklung der Menschheit in den Vordergrund stellen und meine eigene Entwicklung in den Hintergrund.

Und ein Mensch, der sich inkarniert, wechselt immer ab zwischen den beiden Entwicklungsschwerpunkten – ein Grundgesetz der Entwicklung ist die Abwechslung zwischen Geschlechtern, zwischen Völkern, und so weiter. Und eine Grundabwechslung ist: Aufgabe für die Menschheit oder eigene Entwicklung. Wenn ein Mensch für das nächste Leben eine Aufgabe für die Menschheit in den Vordergrund stellt, dann will er sich zu dem Zeitpunkt inkarnieren, der für die Menschheit der richtige Zeitpunkt ist.

Dagegen, wenn er mehr seine eigene Entwicklung in den Vordergrund stellt, guckt er auf den Zeitpunkt, der für ihn der beste ist. Er wartet zum Beispiel, bis die am besten passende Mutter vorhanden ist oder erwischt werden kann, und so weiter. Denn die Faktoren einer Inkarnation sind sehr viele. Man muss wirklich gucken und Prioritäten setzen.

Zum Beispiel sagt sich ein Mensch: Diesmal werden für mich die klimatischen Verhältnisse wichtiger als das Blut. Dann will er unbedingt dort geboren werden, wo ein See ist oder wo eine Ebene ist oder wo die Berge sind, und hat eine Mutter ins Auge gefasst. Versagt sie, zum Beispiel weil sie abtreibt, dann inkarniert er sich im Haus daneben, weil die klimatischen, geografischen Verhältnisse für ihn erste Priorität sind. Das heißt, wir werden immer individualisierter. Und Verallgemeinerungen sind immer weniger zulässig. Man muss im Einzelfall gucken, was vorliegt.

Wollte Sie uns eine gute Nacht wünschen. Sie haben das letzte Wort. Das muss ein Weisheitswort sein.

Teiln.: Ich danke Ihnen zuerst mal für Ihren Vortrag. Und ich habe drei Fragen, die, meine ich, eine einzige sind. Wenn wir eine unsterbliche Seele haben, warum müssen wir dann immer wieder alles vergessen? Warum müssen wir immer wieder von vorne anfangen? Das ist doch total umständlich. Sie meinten, es gibt nichts Schöneres, als auf dieser Welt verkörpert zu sein. Was heißt nichts Schöneres? Wir kennen nichts anderes, als hier verkörpert zu sein. Ich hatte ja noch kein Bewusstsein, als ich geboren wurde.

P. Archiati: Das sind ganz wichtige Fragen. Also, wenn ich etwas vergesse, erinnern Sie mich daran, Sie haben mehreres angesprochen.

Es stimmt nicht, dass wir jedes Mal von vorne anfangen. Das Kind fängt biologisch von vorne an, um das Biologische zu dem Punkt zu bringen, bis zu dem es das letzte Mal gekommen ist und an dem es dann anhebt (anfängt). Das heißt, die Menschheit ist heute auf einer gewissen Stufe des Bewusstseins. Wir gliedern Gedanken ganz anders als die Griechen zum Beispiel oder als Buddha vor 2500 Jahren.

Und jetzt ein Kind, biologisch fängt es natürlich von vorne an, aber dann kommt es schnell zu dieser Stufe des Bewusstseins, wo wir die Gedanken so gliedern, wie sie heute sind. Es ist nicht so, dass wir zurückgehen und von vorne anfangen und die ganze

Entwicklung des Bewusstseins nochmals machen, die die Inder und die Perser und so weiter durchgemacht haben. Das wird alles vorausgesetzt. Und der heutige Mensch kommt sofort mit seinem Bewusstsein an den Punkt, wo die Menschheit ist.

Aber die andere Frage war sehr wichtig. Warum habe ich so viel vergessen. Warum habe ich keine Ahnung von dem, dass ich selbst ein Grieche gewesen bin oder ein Perser oder ein Ägypter? Wenn das Sichverbinden mit der Physis, dem Körper, nicht eine wesentliche Verdunkelung – Vergessenheit ist Verdunkelung des Bewusstseins – mit sich brächte, wäre unser Bewusstsein so mit einer Gewalt von Inhalten besetzt, dass wir gar nichts Neues dazulernen könnten. Sie geraten in Vergessenheit. Wenn mir bewusst wäre, was ich alles im letzten Leben, ich rede von mir, schief getan habe – was ist das deutsche Wort –, verbrochen habe, wenn mir bewusst wäre, was ich im vorigen Leben alles verbrochen habe, wäre ich so gelähmt, dass ich mich gar nicht bewegen könnte. Ein Glück, dass ich das alles vergessen habe.

Und es kommt noch dazu, wenn ich wüsste, wer ich war im vorigen Leben, würde ich natürlich auch wissen, wer meine Frau oder mein Mann war, meine Cousine, meine Kinder, und ich würde selbstverständlich sicher sein, dass sie alle Schuld an dem haben, was ich verbrochen habe und was ich versäumt habe. Und jetzt würde ich mich fragen, wo sind die, die mir damals das alles angetan haben und sagen: du, du, du.

Das heißt, kein Mensch darf, und das finde ich sehr vernünftig, eine Erinnerung bekommen an das, was er war, bis er moralisch so weit entwickelt ist, dass er sich selbst alle Schuld für das gibt, was er geworden ist. Und ein Rudolf Steiner sagt, es gibt so viele Engel, die so gerne diese Erinnerung den Menschen geben würden, sie warten nur darauf, diese Erinnerung geben zu dürfen. Aber sie dürfen das nicht, ehe der Mensch sich wirklich, gründlich selbst zuständig macht und sich selbst alles zuschreibt, was er getan hat, was er geworden ist. Und was mich betrifft, ich rede nur für mich, dauert es noch eine Weile. Ich habe immer gemeint, nicht der einzige zu sein, aber wer weiß.

Ansonsten, alle Probleme die wir nicht heute Abend gelöst haben, werden morgen oder übermorgen gelöst. Einen schönen Abend weiterhin und eine gute Nacht.

Zu dieser Ausgabe

Dieser Vortrag wurde am 14. März 2008 im Rathaus Charlottenburg in Berlin gehalten. Er war der erste von vier Vorträgen im Rahmen einer Tagung mit dem gleichlautenden Thema.

Der vorliegenden Ausgabe liegt eine vom Vortragenden nicht überprüfte Tonbandnachschrift zugrunde. Was die Redaktion der Nachschrift betrifft, so ist versucht worden, möglichst den Duktus des gesprochenen Wortes beizubehalten. Manchmal sind einzelne Worte ergänzt, wenn Sätze unvollständig sind. Oder die unvollständigen Sätze sind, so wie sie gesprochen wurden, wiedergegeben. Einige Wortstellungen sind in der gesprochenen Sprache gebräuchlich, jedoch weniger in der geschriebenen. Deshalb sind für den vorliegenden Text behutsam Umstellungen vorgenommen worden.

Die Formulierung der Teilnehmerfragen ist nicht immer wortwörtlich wiedergegeben, da sie oftmals akustisch schlecht zu verstehen sind. Inhaltsangaben und Fußnoten stammen von der Herausgeberin.

Pietro Archiati (1. Juni 1944 – 26. Februar 2022) wurde in Capriano del Colle (bei Brescia, Italien) geboren. Ab seinem 10. Lebensjahr besuchte er eine Klosterschule in einem kleinen missionarischen Orden. Nach dem Abitur absolvierte er ein Studium der Theologie und Philosophie in Rom und München. 1968-70 war er Volksschullehrer in Laos während des Vietnam-Krieges. 1974-76 war er als Ordenspriester in New York unter anderem in der Marriage-Encounter-Bewegung tätig.

Danach lebte er als Einsiedler am Comer See, wo er 1977 das ihm bis dahin völlig unbekannte Werk Rudolf Steiners entdeckte. Dazu sagte er in einem Vortrag (2002): «Innerhalb von Tagen … wusste ich mit innerster Gewissheit: Das ist dasjenige, was du ein ganzes Leben in Ost und West gesucht hast. Wie ein Orkan hat es auf mich gewirkt.» 1981-85 war er in Südafrika als Dozent in einem Priesterseminar. Die Spannungen mit der Kirche nahmen naturgemäß mit der Zeit zu und hatten letztendlich zur Folge, dass sein Wirken im Rahmen der Kirche nicht mehr möglich war.

Seit 1987 war er unabhängig von jeder Institution als Autor und Redner in Deutschland und anderen Ländern tätig. Seine Bücher sind in verschiedenen Sprachen erhältlich. Seit 2004 veröffentlichte er bis zu seinem Tod zusammen mit der Verlegerin Monika Grimm im Verlag *Rudolf Steiner Ausgaben* Werke und Vorträge Rudolf Steiners, die heute einen besonderen Aktualitätswert haben. Seine Vor- und Nachworte zu den Steiner-Bänden sind der Versuch, eine Brücke zwischen der Anthroposophie und dem heutigen Zeitgeschehen zu schlagen.

Von Pietro Archiati sind folgende Titel in den *Rudolf Steiner Ausgaben* erhältlich:

Bücher

Aus meinem Leben
Das Geheimnis der Liebe
Der Intellektualismus und die Anthroposophie
Die Weltreligionen
Geld ist gut, Vertrauen ist besser
Kunstwerk Biografie
Zur Freiheit berufen

2 €-Hefte

Auf Wiederleben!, Heft-Nr. 21
Christentum und Freiheit, Heft-Nr. 27
Das Denken als Weg zum Glück, Heft-Nr. 3
Das Herz des Samariters, Heft-Nr. 19
Der Kampf um die eigene Seele, Heft-Nr. 2
Der Mensch ist Geist, Heft-Nr. 8
Die heutige Weltlage, Heft-Nr. 41
Die Kraft der Positivität und des Vertrauens, Heft-Nr. 28
Die Kunst, immer neu zu beginnen (1. Teil), Heft-Nr. 58
Islam und Christentum, Heft-Nr. 37
Mit Engeln und Verstorbenen leben, Heft-Nr. 17

Vortragsnachschriften

Die Kunst der menschlichen Beziehungen
Gesundung des Leibes, Heilung der Seele, Heiligung des Geistes
Mit unseren Toten leben

Audios

Mitschnitte der Vorträge von Pietro Archiati finden Sie in Kürze auf *www.pietroarchiati.com.*